A GRANDE LIÇÃO DE Steve Jobs

São Paulo
2012

UNIVERSO DOS LIVROS

Universo dos Livros Editora Ltda.
Rua do Bosque, 1589 - Bloco 2 - Conj. 603/606
Barra Funda - São Paulo/SP - CEP 01136-001
Telefone/Fax: (11) 3392-3336
www.universodoslivros.com.br
e-mail: editor@universodoslivros.com.br
Siga-nos no Twitter: @univdoslivros

A GRANDE LIÇÃO DE Steve Jobs

São Paulo
2012

UNIVERSO DOS LIVROS

Diretor editorial
Luis Matos

Editora-chefe
Marcia Batista

Editora-assistente
Carolina Evangelista

Assistentes editoriais
Bóris Fatigati
Raíça Augusto
Raquel Nakasone

Tradução
Luis CF Protásio

Revisão técnica
Sérgio Miranda

Arte
Francine C. Silva
Karine Barbosa

Capa
Zuleika Iamashita

Dados Internacionais de Catalogação na Publicação (CIP)
(Câmara Brasileira do Livro, SP, Brasil)

E64g Equipe Universo dos Livros.

A grande lição de Steve Jobs / Equipe Universo dos Livros. – São Paulo: Universo dos Livros, 2012.

44 p.

ISBN 978-85-7930-341-8

1. Jobs, Steve (1951-2011). 2. Documentário. 3. Frases. 4. Oratória. I. Título.

CDD 338.761004

I

DISCURSO PARA OS FORMANDOS

da turma de 2005 na Universidade Stanford

“Obrigado.

Estou honrado por estar com vocês hoje, nesta formatura, numa das melhores universidades do mundo. Verdade seja dita, nunca terminei uma faculdade, e isto é o mais próximo que já estive de uma formatura. Hoje, gostaria de contar três histórias da minha vida. Só isso. Nada de mais. Apenas três histórias.

A primeira delas é sobre ligar os pontos.

Larguei meu curso no Reed College após seis meses, mas continuei por lá por um ano e meio antes de realmente abandonar. Então, por que abandonei? Tudo começou antes de eu nascer. Minha mãe biológica era uma jovem estudante de pós-graduação solteira, que decidiu me colocar para adoção. Ela queria muito que eu fosse adotado por um casal com formação universitária, então tudo foi arranjado para que eu fosse adotado por um advogado e sua esposa – mas, quando nasci, eles decidiram na última hora que desejavam mesmo uma menina. Então meus pais, que estavam numa lista de espera, receberam um telefonema no meio da noite dizendo: "Temos um menino. Vocês o querem?" Eles responderam: "É claro." Minha mãe biológica descobriu mais tarde que minha mãe não tinha ensino superior e meu pai não tinha nem o ensino médio. Ela se recusou a assinar os papéis finais da adoção. Apenas cedeu alguns meses depois quando meus pais prometeram que eu iria para a faculdade.

Esse foi o começo da minha vida. E dezessete anos depois, eu realmente entrei em uma faculdade, mas ingenuamente escolhi uma que era quase tão cara quanto a Stanford, e todas as economias dos meus pais trabalhadores estavam sendo gastas na minha educação. Após seis meses, não consegui enxergar o propósito. Eu não tinha ideia do que queria fazer com minha vida e não tinha ideia de como a faculdade iria me ajudar a descobrir. Então lá estava eu, gastando todo o dinheiro que meus pais economizaram a vida toda. Decidi largar a faculdade e confiar que tudo daria certo. Fiquei com muito medo na época, mas olhando para trás, foi uma das melhores decisões que já tomei. No instante em que abandonei, pude parar de ir às aulas que não me motivavam e comecei a frequentar aquelas que me pareciam muito mais interessantes.

Mas não foi um mar de rosas. Eu não tinha um quarto na moradia estudantil, então dormia no chão do quarto de amigos. Eu retornava garrafas de Coca-Cola por cinco centavos cada e usava esse dinheiro para comprar comida; eu andava onze quilômetros e atravessava a cidade todo domingo à noite para conseguir uma refeição decente no templo Hare Krishna. Eu adorava isso. E muito daquilo que me deparei ao seguir minha curiosidade e intuição iria se mostrar inestimável mais tarde. Vou dar um exemplo.

O Reed College na época oferecia talvez o melhor curso de caligrafia do país. Em todo o campus, cada cartaz, cada etiqueta em cada gaveta era lindamente escrito à mão. Por ter abandonado o curso e não precisar frequentar as aulas normais, decidi ingressar nas aulas de caligrafia para aprender como fazer aquilo. Aprendi sobre fontes com e sem serifa, sobre a variação de espaço entre diferentes combinações de letras, e o que faz uma ótima tipografia. Era algo lindo, histórico, sutilmente artístico de uma maneira que a ciência não pode capturar, e eu achei fascinante.

Nada daquilo tinha qualquer esperança de aplicação prática em minha vida. Mas dez anos mais tarde, quando estávamos criando o primeiro computador Macintosh, lembrei daquelas aulas, e nós adicionamos no Mac todas as coisas que aprendi. Foi o primeiro computador que oferecia uma linda tipografia. Se eu não tivesse me inscrito naquele curso na faculdade, o Mac nunca teria múltiplas fontes espaçadas proporcionalmente. E como o Windows apenas copiou o Mac, é provável que nenhum computador pessoal tivesse esse recurso. Se eu não tivesse abandonado o curso, nunca teria me inscrito naquela aula de caligrafia e os computadores pessoais talvez não tivessem os maravilhosos recursos tipográficos que possuem.

É claro, era impossível ligar os pontos olhando para o futuro quando eu estava na faculdade, mas tudo ficou muito, muito claro olhando para trás dez anos depois.

Mais uma vez, é impossível ligar os pontos olhando para o futuro. Você só pode ligá-los olhando para o passado, então precisa confiar que os pontos irão se conectar de alguma forma mais para frente. Você deve confiar em algo – pressentimento, destino, vida, carma, qualquer coisa –, porque acreditar que os pontos irão se conectar no futuro dará a confiança para seguir seu coração, mesmo quando ele o levar para longe do caminho mais conhecido, e isso fará toda a diferença.

Minha segunda história é sobre amor e perda.

Tive sorte, descobri o que amava cedo na vida. Woz e eu começamos a Apple na garagem dos meus pais quando eu tinha vinte anos. Trabalhamos duro, e em dez anos a Apple cresceu de apenas nós dois numa garagem para uma empresa de dois bilhões de dólares com quatro mil funcionários. Tínhamos acabado de lançar nossa melhor criação um ano antes, o Macintosh, e eu tinha acabado de fazer trinta anos. Então fui demitido. Como é possível ser demitido de uma empresa que você criou? Bom, com o crescimento da Apple, nós contratamos alguém que eu considerava muito talentoso para gerir a empresa comigo, e no primeiro ano as coisas foram bem. Mas, então, nossa visão do futuro começou a divergir até que finalmente tivemos um desentendimento. Nesse momento, o conselho de diretores ficou do lado dele, e então, com trinta anos, eu estava fora, e de uma maneira muito pública. O foco de toda minha vida adulta desapareceu, e aquilo foi devastador.

Nos meses seguintes, eu realmente não sabia o que fazer. Senti que decepcionei a geração anterior de empreendedores, senti que deixei o bastão cair enquanto ele ainda era passado para mim. Encontrei David Packard[1] e Bob Noyce[2] e tentei me desculpar por ter estragado tudo. Eu era um fracasso público e até pensei em

---

1 Fundador junto com Bill Hewlett da Hewlett-Packard (a HP), em 1939 (nasceu em 7 de setembro de 1912 e morreu em 26 de março de 1996).

2 Físico americano inventor do microchip e cofundador da Intel Corporation (nasceu em 12 de dezembro de 1927 e morreu em 3 de junho de 1990).

deixar o Vale do Silício. Mas algo lentamente começou a surgir na minha mente. Eu ainda amava o que fazia. A série de eventos na Apple não havia mudado isso. Fui rejeitado, mas ainda estava apaixonado. Então, decidi começar de novo.

Não percebi na época, mas ser demitido da Apple foi a melhor coisa que poderia ter acontecido comigo. O peso do sucesso foi substituído pela leveza de ser iniciante novamente, sem ter certeza de nada. Isso me liberou para entrar num dos períodos mais criativos da minha vida.

Durante os cinco anos seguintes, criei uma empresa chamada NeXT, outra chamada Pixar e me apaixonei por uma mulher incrível que se tornaria minha esposa. A Pixar acabou criando o primeiro longa-metragem animado por computador do mundo, *Toy Story*, e hoje é o estúdio de animação mais bem-sucedido de todo o mundo. Numa incrível reviravolta, a Apple comprou a NeXT e eu retornei para minha antiga empresa – e a tecnologia que desenvolvemos na NeXT hoje figura no coração do atual renascimento da Apple –, e Lorene e eu temos uma família maravilhosa juntos.

Tenho certeza de que nada disso teria acontecido se eu não tivesse sido demitido da Apple. Foi um remédio amargo, mas acho que o paciente precisava disso. Às vezes, a vida te acerta na cabeça com um tijolo. Não perca a fé. Estou convencido de que a única coisa que me fez continuar foi o fato de que eu amava aquilo que fazia. Você precisa encontrar aquilo que ama, e isso é verdade tanto para o trabalho quanto para o amor. Seu trabalho preencherá uma grande parte de sua vida, e a única maneira de se sentir realizado de verdade é fazer aquilo que acredita ser um grande trabalho, e a única maneira de fazer um grande trabalho é amar o que faz. Se você ainda não encontrou, continue buscando, e não se acomode. Assim como com todas as coisas do coração, você saberá quando encontrar, e assim como um grande relacionamento, as coisas apenas melhoram com o passar dos anos. Portanto, continue buscando. Não se acomode.

Minha terceira história é sobre morte.

Quando eu tinha dezessete anos, li uma frase que era mais ou menos assim: "Se você viver cada dia como se fosse o último, algum dia você com certeza estará certo." Isso causou uma grande impressão em mim, e desde então, nos últimos 33 anos, eu olho para o espelho todas as manhãs e pergunto a mim mesmo: "Se hoje fosse o último dia da minha vida, será que eu gostaria de fazer o que vou fazer hoje?" E sempre que a resposta é "não" por muitos dias seguidos, eu sei que preciso mudar alguma coisa. Lembrar que logo estarei morto é a coisa mais importante que encontrei para ajudar nas grandes decisões da vida, pois quase tudo – todas as expectativas externas, todo o orgulho, todo o medo do vexame ou fracasso – simplesmente desaparecem frente à morte, deixando apenas aquilo que é realmente importante. Lembrar que vai morrer é a melhor maneira que conheço para evitar a armadilha de pensar que você tem algo a perder. Você já está nu. Não existe razão para não seguir seu coração.

Cerca de um ano atrás, fui diagnosticado com câncer. Fiz um exame às sete e meia da manhã que claramente mostrou um tumor no meu pâncreas. Eu nem sabia o que era um pâncreas. Os médicos disseram que quase certamente era um tipo de câncer incurável, e que eu viveria de três a seis meses, no máximo. Meu médico me aconselhou a ir para casa e colocar minhas coisas em ordem, que é o código dos médicos quando querem dizer "Prepare-se para morrer". Significa que deve tentar dizer aos seus filhos tudo que pensou que poderia dizer nos próximos dez anos – só que em apenas alguns meses. Significa que deve cuidar para que tudo esteja em ordem e facilitar ao máximo para sua família. Significa fazer suas despedidas.

Vivi com aquele diagnóstico pelo resto do dia. Mais tarde, à noite, fui submetido a uma biópsia que enfiou um endoscópio garganta a baixo, atravessou meu estômago até o intestino, espetou uma agulha no meu pâncreas e retirou algumas células do tumor. Eu estava sedado, mas minha esposa, que ficou lá o tempo todo, contou que quando observaram as células no microscópio, os médicos começaram a chorar, pois descobriram que era uma forma de câncer muito rara que pode ser curada com cirurgia. Fiz a cirurgia e, felizmente, estou bem agora.

Isso foi o mais perto que estive de encarar a morte, e espero que continue sendo por mais algumas décadas. Após passar por essa experiência, posso dizer a vocês com um pouco mais de certeza do que quando a morte era apenas um conceito – útil, mas puramente intelectual: ninguém quer morrer, mesmo as pessoas que querem ir para o céu não querem morrer para chegar lá, mas mesmo assim, a morte é o destino que todos nós compartilhamos. Ninguém nunca escapou. E é para ser assim mesmo, pois a morte provavelmente é a melhor invenção da vida. É o agente de mudança da vida; a morte retira o velho para abrir passagem ao novo. Agora mesmo, o novo são vocês. Mas um dia, não muito distante, vocês gradualmente se tornarão o velho e também darão passagem. Desculpem-me por ser tão dramático, mas isso é uma grande verdade.

Seu tempo é limitado, então não o desperdice vivendo a vida de outra pessoa. Não seja prisioneiro de dogmas, que é viver com os resultados do pensamento de outras pessoas. Não deixe que o barulho da opinião alheia sufoque sua própria voz interior, seu coração e sua intuição. De alguma maneira, eles já sabem aquilo que você realmente quer se tornar. Tudo mais é secundário.

Quando eu era jovem, havia uma publicação fantástica chamada *The Whole Earth Catalogue*, que era uma das bíblias da minha geração. Foi criada por um sujeito chamado Stuart Brand em Menlo Park, não muito longe daqui, e ele deu vida a essa publicação com seu toque poético. Isso foi no fim dos anos sessenta, antes dos computadores pessoais e da editoração eletrônica, então era toda feita com máquinas de escrever, tesouras e câmeras Polaroid. Era como um Google em forma de catálogo impresso – só que foi feito 35 anos antes do surgimento do Google. Era idealista, cheio de ferramentas legais e grandes noções.

Stuart e sua equipe publicaram várias edições do *The Whole Earth Catalogue*, e quando chegou ao fim, eles publicaram uma última edição. Foi no meio dos anos setenta e eu tinha a idade de vocês. Na contracapa da edição final havia uma fotografia de uma estrada banhada pelo sol da manhã, do tipo que você podia se encontrar pedindo carona se tivesse o espírito de aventura. Abaixo, havia as palavras: "Continue com fome, continue inconsequente." Era sua mensagem de despedida.

"Continue com fome, continue inconsequente."[3] Eu sempre desejei isso a mim mesmo, e agora, no momento em que vocês se formam para começar novamente, eu desejo isso a vocês.

Continuem famintos, continuem insensatos.

Muito obrigado a todos vocês.

[3] *Stay hungry, stay foolish* não tem uma tradução literal, optamos pela tradução "Continue com fome, continue inconsequente" por acharmos que combina mais com o contexto.

II

FRASES CÉLEBRES

Sobre a vida

"Ser o mais rico do cemitério não é o que mais importa para mim... Ir para a cama à noite e pensar que foi feito alguma coisa grande: isso é o que mais importa para mim."

*(Falando sobre Bill Gates para o **The Wall Street Journal**, 1993)*

"As pessoas não sabem o que querem, até mostrarmos a elas."

*(Entrevista à **BusinessWeek**, em 1995)*

"Nascemos, vivemos por um momento breve e morremos. Tem sido assim há muito tempo. A tecnologia não está mudando muito este cenário."

*(Entrevista à **Wired**, fevereiro de 1996)*

"Você quer passar o resto da vida vendendo água com açúcar ou quer ter uma chance de mudar o mundo?"

(Frase dita para convencer John Sculley a deixar a Pepsi para se tornar CEO da Apple, em 1983. Está na autobiografia de Sculley)

"É mais divertido ser um pirata,
que entrar para a marinha."

*(Em um evento da Apple,
em 1982)*

"Eu sempre estarei ligado à Apple. Espero que durante toda a minha vida o meu fio se cruze com o fio da Apple, como uma tapeçaria. Posso ficar afastado por algum tempo, mas eu sempre vou voltar."

*(Entrevista à **Playboy**, em fevereiro de 1985)*

"Eu lhe desejo o melhor, desejo mesmo. Eu só acho que ele e a Microsoft são um pouco limitados. Ele seria um cara mais aberto se tivesse usado LSD uma vez, ou feito um *ashram* [peregrinação espiritual] quando era mais novo."

(Sobre Bill Gates em entrevista ao ***New York Times****, em 1997)*

"Não tenho planos de me aposentar. Eu não vejo a minha trajetória como uma 'carreira'. Eu faço coisas. Eu respondo a coisas. Isso não é uma carreira – é uma vida."

(Entrevista à ***Time****, em abril de 2010)*

"Eu achava que seria um delinquente. Se não fosse por três ou quatro pessoas, que investiram tempo e atenção extra em mim, certamente teria ido parar na cadeia. Uma dessas pessoas foi Mrs. Hill, minha professora do primário."

*(Entrevista ao **Instituto Smithsoniano**, em abril de 1995)*

"Eu sou um sortudo. Meu pai, Paul, era um sujeito extraordinário. Ele nunca terminou o colegial. Quando eu tinha uns 6 anos, me deu uma caixa de ferramentas, e passávamos horas na garagem, ele me mostrando como construir coisas, desmontar coisas e recolocá-las no lugar."

*(Entrevista ao **Instituto Smithsoniano**, em abril de 1995)*

III

Sobre o futuro

Não penso muito em legado para as próximas gerações. Penso apenas em acordar de manhã e trabalhar com pessoas brilhantes para criar coisas que, espero, sejam tão apreciadas por outras pessoas como são apreciadas por nós."

*(Durante evento do **Wall Street Journal**, em 2007)*

"Se você faz algo de bom e tudo dá certo, acho que é hora de pensar em outra coisa e tentar adivinhar o que vem pela frente."

*(Em entrevista ao canal **NBC**, 2006)*

"Não faz sentido olhar para trás e pensar: devia ter feito isso ou aquilo, devia ter estado lá. Isso não importa. Vamos inventar o amanhã, e parar de nos preocupar com o passado."

(Comentando sua orientação aos funcionários da Apple em 1997, quando voltou à empresa em 2007)

IV

Sobre empreendedorismo

"Se você é um carpinteiro e está fazendo um belo armário com gavetas, você não vai usar um pedaço de compensado na parte de trás porque as pessoas não o enxergarão, pois ele estará virado para a parede. Você sabe que está lá e, então, usará um pedaço de madeira bonito ali. Para você dormir bem à noite, a qualidade deve ser levada até o fim."

*(Entrevista à **Playboy**, em 1987)*

"Para se ter sucesso, é necessário amar de verdade o que se faz. Caso contrário, levando em conta apenas o lado racional, você simplesmente desiste. É o que acontece com a maioria das pessoas."

*(Evento do **Wall Street Journal**, 2007)*

"Algumas pessoas acham que foco significa dizer sim para a coisa em que você irá se focar. Mas não é nada disso. Significa dizer não às centenas de outras boas ideias que existem. Você precisa selecionar cuidadosamente."

*(Entrevista à **Fortune**, em 2008)*

"Nunca tivemos vergonha de roubar grandes ideias."

*(Documentário da PBS **O Triunfo dos Nerds**, em 1996)*

"Estes produtos são um lixo. Não tem mais sexo neles."

*(Entrevista à **BusinessWeek**, em 1997)*

"Ninguém tentou nos engolir desde que eu estou aqui. Acho que eles têm medo de qual seria o nosso sabor."

(Reunião com acionistas, em 1998)

"Quando contrato alguém, competência é fundamental. Mas a verdadeira questão, na hora de contratar alguém, é: essa pessoa aqui na minha frente vai se apaixonar pela Apple? Porque, caso se apaixone, tudo fica fácil."

*(Entrevista à **Fortune**, em março de 2008)*

"Quando você examina um problema e acha que ele é simples, você não se deu conta de quão complexo ele é. Depois que você mergulha no problema... percebe que ele é complicado e começa a encontrar muitas soluções rebuscadas. É aí que a maior parte das pessoas para. Mas alguém realmente bom vai continuar, vai descobrir o problema que está por trás de tudo e encontrar uma solução elegante que funcione em todos os níveis."

*(Entrevista à **Billboard**, em janeiro de 2004)*

“Meu trabalho é inspirar pessoas. É criar espaço para elas, abrir clareiras criativas no meio da burocracia corporativa.”

*(Entrevista à **Macworld**, em fevereiro de 1984)*

V

Sobre tecnologia

O motivo mais atraente para a maioria das pessoas comprarem um computador para o lar será para conectá-lo a uma rede de comunicações por todo o país. Nós estamos apenas nos estágios iniciais do que será um avanço realmente notável para a maioria das pessoas – tão notável quanto o telefone."

*(Em entrevista à **Playboy**, em 1985)*

"Quando os próprios alunos estão criando, eles acabam aprendendo. E os professores serão o epicentro disto. Qualquer um que pensa diferente disto nunca teve um bom professor." Trocava toda minha tecnologia por uma tarde com Sócrates.

*(Entrevista à **Newsweek**, 2001)*

"Computadores são como bicicletas para nossas mentes."

(No vídeo "Computers are like a bicycle for our minds")

"Estamos apostando na nossa visão. Preferimos fazer isso a fabricar produtos iguais aos outros. Vamos deixar outras empresas fazerem isso. Para nós, o objetivo é sempre o próximo sonho."

(Declaração à imprensa no lançamento do Macintosh, em janeiro de 1984)

"Achamos que zilhões de Macs serão vendidos. Mas não criamos o Mac para outras pessoas. Nós o construímos para nós mesmos. Éramos o grupo que julgaria se o Mac era grandioso ou não. Não faríamos nenhuma pesquisa de mercado. Só queríamos fazer o melhor que pudéssemos."

*(Entrevista à **Playboy**, em fevereiro de 1985)*

"Eu acho que [a tecnologia] fez o mundo ficar mais próximo e continuará fazendo isso. Existem desvantagens para tudo e consequências inevitáveis para tudo. A peça mais corrosiva da tecnologia que eu já vi se chama televisão, mas novamente, a televisão, no seu melhor, é magnífica."

*(Entrevista à **Rolling Stone**, em dezembro de 2003)*

"Entrará para a história como uma grande mudança na indústria musical. Isso é histórico. Eu não posso subestimar isso."

(Sobre a loja virtual iTunes Music Store – entrevista à ***Fortune****, maio de 2003)*

"A cura para a Apple não está no corte de preços. A cura para a Apple está em inovar o meio de sair deste problema."

(No livro ***Apple Confidential: The Real Story of Apple Computer****, de 1999 – não disponível em português)*

"O único problema com a Microsoft é que eles não têm bom gosto. Eles absolutamente não têm bom gosto. E eu não digo isso de uma forma pequena, eu quero dizer de uma forma grande, no sentido de que eles não pensam em ideias originais, e não colocam muita cultura em seus produtos."

*(Documentário da PBS **O Triunfo dos Nerds**, de 1996)*

VI

Sobre trabalho

"Os processos tornam a empresa mais eficiente. Já a inovação nasce das pessoas no corredor, ou umas ligando para as outras às 10h30 da noite quando tiveram uma grande ideia, ou se deram conta de furos no modo como estávamos pensando. A inovação nasce de reuniões de meia dúzia de pessoas, feitas no calor da hora, quando alguém descobriu o jeito mais insanamente genial de fazer algo."

*(Entrevista à **Business Week**, em outubro de 2004)*

"Os grandes artistas, em algum ponto da carreira, tiveram a opção de repetir uma fórmula de sucesso, e continuar sendo amados pelo público. Mas fazendo isso eles se odiariam, e preferiram correr o risco do fracasso. Bob Dylan e Picasso sempre correram esse risco."

*(Entrevista à **Rolling Stone**, em dezembro de 2003)*

"Não é uma questão de influência pop, ou de convencer o público a usar algo de que não precisa. O que nós fazemos é descobrir produtos que estaríamos loucos para usar. Eu acho que somos muito bons nessa disciplina."

*(Entrevista à **Fortune**, em março de 2008)*

"Sempre me senti mais atraído pelas mudanças revolucionárias. Eu não sei o porquê. Talvez por serem mais difíceis. São muito mais estressantes emocionalmente. E sempre há aquele período em que todos em volta dizem que você quebrou a cara."

*(Entrevista à **Rolling Stone**, em junho de 1994)*

"Para criar um design realmente bom, você tem de compreender a coisa. Tem de internalizar a essência dela. É preciso um envolvimento apaixonado para compreender a coisa em sua totalidade, mastigá-la completamente e não apenas engoli-la rápido. A maior parte das pessoas não se permite tempo suficiente para fazer isto."

*(Entrevista à **Wired**, em fevereiro de 1996)*

"Todo mundo em Hollywood diz que a chave das boas animações é história, história, história. Mas na hora H, quando o enredo não funciona, eles não param a produção, e gastam um pouco mais de dinheiro para consertar a história. Isso também acontece na indústria do software. Todos dizem que o usuário é o mais importante, mas ninguém age de acordo com essa crença."

*(Entrevista à **Fortune**, em fevereiro de 2005)*